WESTEND

„Die Würde jedes Menschen ist ständig durch Krankheit und Behinderung bedroht. Schlechte Umstände geben ihr den Rest."

Claudia Hontschik

Claudia Hontschik
Bernd Hontschik

KEIN ÖRTCHEN. NIRGENDS.

Mit Zeichnungen von Christine Fiebig

WESTEND

Dieses Buch wurde mit freundlicher Unterstützung
der Firma GEBERIT und der DEUTSCHEN MULTIPLE SKLEROSE
GESELLSCHAFT gedruckt.

Inhalt

Lamento

Wie seid ihr auf die Idee gekommen, ein Buch ausgerechnet über Toiletten zu schreiben?

CLAUDIA: Toiletten gehören zu den großen Hindernissen, wenn man mit dem Rollstuhl unterwegs ist. Unser Alltag ist geprägt von Hindernissen. Außerhalb unserer eigenen Wohnung – manchmal empfinde ich den öffentlichen Raum geradezu als Feindesland – ist der Weg voller Hürden.

Wie macht ihr das, wenn Hindernisse auftauchen, wie geht ihr damit um?

CLAUDIA: Nach einigen misslichen Erfahrungen haben wir es uns zur Regel gemacht, dass ein Ort, den wir nicht kennen, vorher erstmal von Bernd erkundet wird. Einen Pfadfinder zu haben, empfinde ich als großes Privileg.

BERND: Wenn wir zum Beispiel in einem Restaurant verabredet sind, das wir noch nicht kennen, dann fahre ich hin, schaue mir dort den Parkplatz an und den Weg vom Parkplatz bis zum Treffpunkt. Gibt es einen ebenerdigen Zugang? Kommt man schwellenlos rein? Stehen die Tische weit genug auseinander? Sind die Tische unterfahrbar? Gibt es eine für Rollstuhlfahrer*innen geeignete Toilette? Die meisten Orte scheiden danach schon aus.

CLAUDIA: An manchen Stellen gibt es aber nur kleine Probleme, die wir managen können, weil mein Mann zum Glück viel Kraft hat: Wenn es nur einige wenige Stufen gibt, oder wenn der Eingang eine nicht zu hohe Schwelle hat, oder wenn die Türen mit automatischen Schließern versehen sind, ist das für ihn zwar ganz schön anstrengend, aber für uns machbar.

Verstehe ich das richtig: Ihr müsst also immer alles genau vorausplanen und auskundschaften? Wo bleibt da die Spontaneität?

BERND: Ganz einfach: Die bleibt auf der Strecke. Wenn die Barrierefreiheit der Normalfall wäre und die Hindernisse die Ausnahme, dann könnten wir auch wieder spontan sein. Es ist aber leider umgekehrt.

CLAUDIA: Es sind nicht nur die öffentlichen Orte wie Restaurants, in denen ich überwiegend ausgesperrt bin. Schlimmer noch ist der Ausschluss aus den meisten Wohnungen und Häusern meiner Freund*innen, die ich nicht besuchen kann. Deshalb müssen und kommen zum Glück auch immer gerne alle zu mir. Viel lieber würde ich aber öfter mal aus dem Haus gehen, selbst an anderen Orten Gast sein.

Wobei wirst du noch rausgekickt?

CLAUDIA: Ich kann nicht in Läden einkaufen, die Stufen am Eingang haben. Das ist bei uns im Viertel fast überall so. Die meisten Restaurants oder Kinos haben ganz selbstverständlich keine Rollstuhltoilette. Und wie soll ich im Restaurant an Tischen sitzen, die einen Querbalken haben und deshalb nicht unterfahren werden können? Wie soll ich Straßen überqueren, wenn die Bordsteine nicht abgesenkt sind? Auf Weihnachtsmärkte, Flohmärkte, überhaupt auf Märkte gehe ich nicht mehr, weil ich immer eine Etage tiefer sitze, nichts mitkriege und dauernd angerempelt werde. Und es ist die Hölle, einen Platz mit Kopfsteinpflaster überqueren zu müssen.

BERND: Das betrifft auch mich als Rollstuhlschieber. Ich kippe den Rollstuhl dann oft etwas nach hinten, damit die kleinen harten Vorderräder von dem holprigen Boden abheben und Claudia nicht mehr ganz so heftig durchgeschüttelt wird. Das geht aber immer nur kurze Strecken, denn es ist irre anstrengend für sie und auch für mich.

CLAUDIA: Manchmal packt Bernd dabei die Wut.

Was genau macht dich so wütend?

BERND: Das passiert immer dann, wenn alles Planen und die ganze Kraft nichts nützen und wir mit Hindernissen konfrontiert werden, die wir einfach nicht überwinden können. Das macht mich verzweifelt, und es packt mich die Wut über so miserable Verhältnisse. Opfer zu sein, ist nichts für mich. Da habe ich auch schon mal Leute angeschnauzt, die gar nichts dafür konnten. Wir geben aber trotz allem nicht so schnell auf.

CLAUDIA: So bin ich schon mal in der Kurve eines Altbautreppenhauses beim Abwärtsgetragenwerden fast steckengeblieben trotz der Muskelkraft mehrerer starker Männer. Das war ganz schön dramatisch, bis die Jungs mich mitsamt dem Rollstuhl wieder befreit hatten, und wir nicht alle zusammen abgestürzt sind. Das Leben außerhalb der eigenen Wohnung ist ganz schön abenteuerlich.

Abenteuerlich? Wie muss ich mir das vorstellen?

CLAUDIA: Vor allem auf Reisen kann man viele, meist böse Überraschungen erleben. Einmal haben wir eine Konzertreise nach Verona unternommen, wollten in einem als barrierefrei gebuchten Hotel übernachten. Die langen Gänge waren mit einem plüschigen Teppichboden ausgelegt, in dem der Rollstuhl fast steckenblieb, und im Badezimmer war nicht etwa eine schwellenlose Dusche, sondern eine Badewanne! Wir konnten es nicht fassen.

Ein paar Jahre zuvor war in einem anderen Hotel das Bett so hoch, dass ich mit den Füßen den Boden gar nicht erreichen konnte, wenn ich am Bettrand saß. Da haben wir die Füße der Betten abschrauben und im Kleiderschrank lagern müssen. Oder wir sind zu einer Tagung nach Basel gefahren, dort hatte man für uns natürlich auch ein barrierefreies Zimmer reserviert. Im Badezimmer aber war eine kräftige Holzverschalung unter dem Waschbecken, sodass man es nicht unterfahren konnte. Das war für mich praktisch nicht benutzbar. Da hilft nur Frechheit, und mein Mann ist frech und obendrein Chirurg, also ein Mann der Tat.

BERND: Da bewährte sich mein kleiner Reise-Werkzeugkasten, und mit einem Schraubenzieher, einem Hammer und einem kleinen Brecheisen ließ sich das Holzbrett heraushebeln. Dann haben wir die Rezeption angerufen, und der Hausmeister hat alles in der Badewanne abgestellt. Man muss aber gar nicht so weit in die Ferne schweifen. Wenn kurz nacheinander drei Einladungen kommen, alle an den gleichen, in Frankfurt zur Zeit sehr angesagten Ort, der aber nur über Kopfsteinpflaster erreichbar ist und keine Rollstuhltoilette hat, kann ich die erste Einladung noch beiseite legen: schade! Bei der zweiten Einladung wundere ich mich schon sehr, denn es ist immerhin unser eigener Verlag, der zu seiner Buchmessenfete dorthin einlädt. Aber bei der dritten Einladung platzt mir doch der Kragen: Die Grünen laden zu ihrem Jahresempfang dorthin ein! Inklusion als schöne Worte und im Programm, Exklusion in der Realität.

Gibt es da einen Unterschied zwischen euch, geht ihr damit unterschiedlich um?

CLAUDIA: Natürlich gibt es einen großen Unterschied, und das ist der Rollstuhl. Der macht mich, obwohl ich mich energisch dagegen wehre, erstmal zum „Opfer", zur Unfähigen. Was ich alles kann, entzieht sich dem Blick. Bernd kann ja auch alleine unterwegs sein, dann ist er frei, kann überall hin. Ich kann mir ein Gefühl wie Wut höchstens im Ansatz leisten, muss immer mit mir und meinem Rollstuhl zurecht kommen, kann dem nie entrinnen. Aber sobald wir etwas zusammen unternehmen wollen, betrifft der Ausschluss vom sozialen Leben uns beide gleichermaßen. Bei diesem Ausschluss spielen Rollstuhltoiletten eine wichtige Rolle. Darüber weiß niemand etwas. Und so wollten wir mal die Gehfähigen mitnehmen hinter die Tür mit dem Rollstuhlzeichen.

Pirouetten im Schauspiel

KAPITEL 2

KEIN ÖRTCHEN. NIRGENDS.

Bei seiner Eröffnung im Jahr 1963 wurde das Frankfurter Schauspielhaus landauf landab als avantgardistisch bewundert, aber Inklusion war damals noch kein Thema. Auch die große Zahl Kriegsversehrter, die der Zweite Weltkrieg hinterlassen hatte, änderte daran nichts. Bis heute gibt es lediglich einen Plattformaufzug, um den ersten Stock zu erreichen, und einen kleinen Personenaufzug, der in den zweiten Stock führt. Nur dort sind nämlich in der allerletzten Reihe jeweils zwei Plätze links und zwei Plätze rechts am Rand, die von Rollstuhlfahrer*innen mit einer Begleitperson reserviert werden können – mehr nicht. Außerdem kann in einer der vorderen Reihen am linken Rand des Zuschauerraumes ein Sitz entfernt worden, sodass man auch dort mit dem Rollstuhl hinfahren könnte. Es sind also 0,44 Prozent der 680 Plätze Rollstuhlfahrer*innen vorbehalten. Bescheiden ist die einzige vorhandene Rollstuhltoilette bei knapp 700 Theaterbesucher*innen. Sie hat eine Grundfläche von zwei mal zwei Metern. Die Benutzung dieser Toilette bedarf der Begleitung durch eine starke Person.

Hier die Bedienungsanleitung:

Um das Schauspielhaus überhaupt betreten zu können, müssen Sie sich eine schwere, raumhohe Glastür öffnen lassen. Diese ist nicht elektrifiziert. Auf dem Weg zur Toilette muss noch eine zweite solche Tür geöffnet werden.

Dann haben Sie einen großen Vorraum erreicht. Rechts ist der Personenaufzug, in der Mitte ist die Tür zum Rollstuhl-WC.

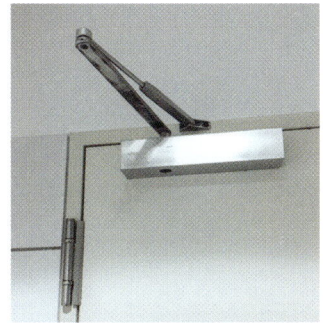

Jetzt müssen Sie Ihre Begleitung bitten, die WC-Tür offenzuhalten, denn die ist mit einem kräftigen Türschließer versehen – der Feind aller Rollstuhlfahrer*innen.

Die Tür muss nun ganz geöffnet werden, bis sie rechts an der Wand anschlägt. Dann muss man sie mit einem Holzkeil arretieren, damit sie nicht zufällt. Der Weg für den Rollstuhl in den Raum hinein ist jetzt frei.

Obwohl der Raum nur vier Quadratmeter klein ist, geht die Tür nach innen auf! Jetzt ist Geschicklichkeit gefragt.

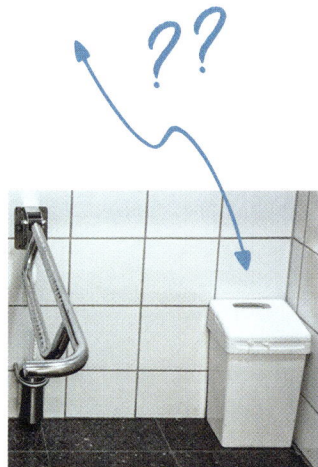

Noch ist der große Mülleimer in der Ecke im Weg. Er muss entfernt werden. Wohin damit? Unter das Waschbecken? Vor die Tür?

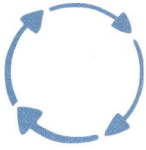

Jetzt können Sie vorwärts in den kleinen freien Raum rechts neben das WC fahren. Hier blicken Sie an die Wand. Der Holzkeil muss wieder entfernt werden, man kann die Tür zumachen und abschließen. Jetzt fahren Sie ein kurzes Stück rückwärts vor das WC, bis Sie mit dem Rückenteil des Rollstuhls die Tür berühren. Nun führen Sie vor dem WC eine 180-Grad-Drehung am Platz durch, wobei Sie auf Ihre Fußspitzen achten sollten. Dann rollen Sie vorsichtig wieder rückwärts und stehen neben dem WC, jetzt blicken Sie in den Raum.

Nun müssen Sie den Haltegriff rechts neben dem WC hochklappen, denn der Haltegriff steht dem Transfer noch im Weg. Er ist aber an seinem unteren Ende mit einer Verriegelung versehen.

Ihre Begleitperson muss jetzt zwischen Ihnen und dem WC hindurchgreifen und den Hebel zu sich ziehen, gleichzeitig mit der anderen Hand den Haltegriff nach oben klappen. Jetzt erst ist der Weg frei für den Transfer vom Rollstuhl auf das WC.

Bevor Sie den Raum wieder verlassen können, muss Ihre Begleitung die nahezu unerreichbare Spültaste an der Wand in Ihrem Rücken betätigen. Auf dem Weg hinaus müssen Sie dann erneut den Haltegriff hochklappen und den Holzkeil unter die Tür klemmen. Nur die Pirouette vor dem WC entfällt, da Sie schon richtig herum stehen.

Die Tücken der Technik

Anna wird auf dem Hauptfriedhof beerdigt. Mit 48 Jahren, alles schrecklich traurig, weil auch noch minderjährige Kinder zurückbleiben. Es ist eine würdige Trauerfeier, und Annas Leben zieht noch einmal an uns vorbei. Danach eine Einladung zum Beisammensein der Trauergäste in einer nahen Nordendkneipe.

Der Weg zum Grab war mühselig, und ich, Claudia, empöre mich über den rumpeligen Untergrund. Nicht zu fassen, wo doch naturgemäß hier so viele alte Leute herkommen. Vor meinem inneren Auge sehe ich eine kleine Walze über die Wege rollen. Die Idee verfolgt mich die ganze Strecke über, immer zwischen den Beinen der anderen Trauernden.

Ja, wir kommen noch mit in die Kneipe. Wir wissen, dass es vor dem Haupteingang des Friedhofs eine Toilette mit Rollstuhlfahrerzeichen gibt. Also schnell hier noch mal aufs Klo, denn das geht dort ganz sicher nicht.

Aber daraus wird leider nichts: Es gibt zwei Toiletten für Rollstuhlfahrer*innen, rechts vom Haupteingang, gleich hinter dem Blumengeschäft.

Bei der rechten Toilette stand die Tür schon offen und ich fuhr hinein. Nur sie ließ sich von innen nicht mehr schließen, also wieder raus, um festzustellen, dass sie sich auch von außen nicht zumachen ließ.

Ich fahre ein paar mal rein und raus, bis ich einsehen muss, dass da irgendetwas kaputt ist. Wahrscheinlich stand deswegen diese supermoderne elektrische Tür schon auf, als ich kam. Ich kapituliere schnell mal vor versagender Technik, mein Mann eher nicht. Wir probieren es eine Weile.

Okay, dann nehmen wir halt die linke von den beiden, die sich auch mit meinem Euroschlüssel öffnen lässt. Den habe ich immer dabei in der mit Reißverschluss gesicherten Innentasche meiner Handtasche. Ein kleiner Schatz.

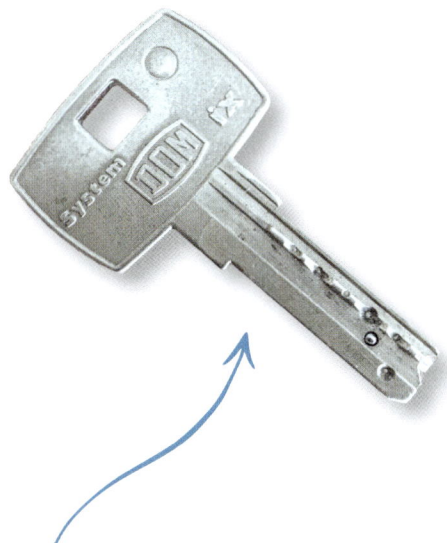

Ich krame ihn raus. Die Uhr läuft, mein Mann steckt den Schlüssel in die Tür, aber sie lässt sich nicht öffnen. Irgendwas machen wir falsch, aber was? Auch die Blumenfrau, die ihre Kästen auf einem Rollwagen ordnet, kann uns nicht erlösen.

Trotz meines Zauberschlüssels gelingt es uns nicht, die Tür zu öffnen, und das alternativ geforderte Geldstück hatten wir nicht passend. Bei diesem ganzen Theater sind die Beerdigung und der Schmerz über die verstorbene Anna weit weg gerückt.

Wir entscheiden uns, schnell nach Hause zu fahren, damit nicht noch mehr Zeit verstreicht, wir würden inzwischen ohnehin schon zu spät kommen.

Von den zwei Klos ging die eine Tür nicht auf und die andere nicht zu. Vielleicht zu viel Technik an einem abgelegenen Ort! Pech gehabt.

Bei einer Veranstaltung im Bürgerhaus Bornheim fanden wir eine Rollstuhltoilette im Untergeschoss, gut erreichbar, ausreichend groß und benutzbar eingerichtet. Leider stand die elektrifizierte Tür aber offen und ließ sich auch von Hand nicht schließen.

Da muss man dann Kompromisse machen, zum Beispiel die Begleitperson als Sichtschutz in die offene Tür stellen.

Bei einem Besuch im Frankfurter Kunstmuseum Städel ist die Rollstuhltoilette gut erreichbar im ersten Stock zu finden. Die Schiebetür ist mittels einer elektronischen Vorrichtung zu öffnen. Über der Tür leuchtete das ‚Besetzt'-Zeichen. Wir warteten.

Es tat sich nichts, minutenlang. Als wir an der Tür horchten, schauten uns einige Vorbeigehende seltsam an. Wir klopften. Als dann niemand reagierte, holten wir einen Museumsbediensteten, der die Tür mit etwas Kraft öffnete: Es war niemand drin. Zum Glück funktionierte die Elektronik dann doch noch, und wir konnten die Tür von innen wieder schließen. Ob draußen jetzt wieder das ‚Besetzt'-Zeichen leuchtete? Ob der nächste Rollstuhlfahrer die Tür womöglich auch per Hand öffnet, während wir noch drin sind?

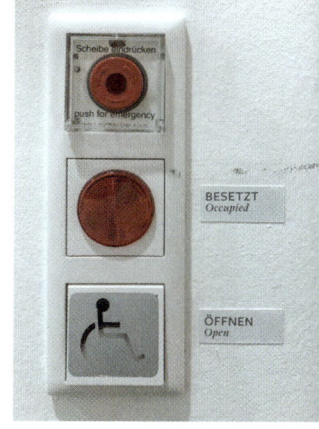

Hinter den drei Türen

KAPITEL 4

KEIN ÖRTCHEN. NIRGENDS.

Die Schirn ist ein ganz besonderes Frankfurter Museum. Eigentlich ist es nämlich gar keines. Die Schirn nennt sich eine Kunsthalle: Sie hat keine eigenen Bestände, kein Magazin, kein Depot. Die Exponate für ihre Ausstellungen holt sie sich auf Zeit von überall her.

Mit dem Rollstuhl in die Schirn, das ist kein lustiges Unterfangen. Der Zugang vom Dom her ist nur über eine lange Treppe möglich, deren Laufspuren für Rollstühle oder Kinderwagen so schmal sind, dass man jederzeit her-unterfallen könnte. Die Treppe ist steil, das Hochschieben erfordert viel Kraft.

Beim Zugang vom Römer her ist man zur Überquerung des Römerbergs gezwungen, der mit seinem Kopfsteinpflaster den kurzen Weg zu einer langen Qual im Rollstuhl macht.

Den einzigen einigermaßen barrierefreien Weg zur Schirn mit glattem Untergrund, der allerdings einen großen Umweg durch die neu gebaute Altstadt bis zum Eingang der U-Bahn-Station Dom/Römer erfordert, kennen nur Eingeweihte. Ist man dann endlich am Eingang zur U-Bahn-Station angekommen, lädt eine großformatige Werbefläche zum Besuch der Schirn ein:

„In die Schirn gehen ist keine Kunst"

— FRANKFURTER REALSATIRE

Auf der Homepage der Schirn findet sich neben der stolzen Verkündung ihrer Barrierefreiheit der lapidare Hinweis: „Der stufenlose Zugang zur Kunsthalle ist vom Römerberg aus möglich". Stufenlos ist doch ein weiter Begriff.

Einmal am Eingang der U-Bahnhaltestelle angekommen, ist nur noch eine kurze, aber steile Steigung zu bewältigen, dann ist der Eingang zur Schirn endlich erreicht.

Wie alle Frankfurter Museen weist auch die Schirn auf eine Rollstuhl-Toilette hin.

Aber wehe, wenn man sie braucht. Man muss zwar nicht über sieben Brücken gehen, aber durch drei Türen.

Wenn man um diese Ecke gegangen ist, steht man vor der ersten Tür.

KEIN ÖRTCHEN. NIRGENDS.

Jetzt ist Kraft gefragt, denn diese Tür ist mit einem automatischen Schließmechanismus versehen.

Man betritt jetzt einen länglichen Vorraum. Links sind fünf Waschbecken in einer Reihe, keines ist mit dem Rollstuhl unterfahrbar. An denen muss man nun entlang fahren und gelangt an die zweite Tür.

Der Schließmechanismus dieser zweiten Tür ist nicht ganz so hart eingestellt wie an der ersten, aber ist man im Rollstuhl alleine unterwegs, kann man auch diese Barriere nur überwinden, wenn man freundliche Helfer*innen findet.

Aber noch nicht am Ziel: Der große Raum, in dem man sich jetzt befindet, hat links in einer Reihe fünf normale Toilettenkabinen. Geradeaus ist eine einzelne größere Kabine mit einer breiteren Tür: Das muss die Rollstuhl-Toilette sein!

Tatsächlich, sie ist es. Der lange Weg hierher ist geschafft. Trotzdem will keine Erleichterung aufkommen.

Links von der Toilette kann man zwar hinfahren, aber es ist sehr eng, und der große Haltegriff ist im Weg. Rechts von der Toilette ist kein Haltegriff. Die Zufahrt nach rechts ist von einem überdimensionierten Waschbecken versperrt. Der Klodeckel ist locker. Die Spülung ist nur mit einer vollen Drehung erreichbar, kein Taster am Haltegriff. Das Klopapier ist provisorisch über den Haltegriff geschoben. Das Waschbecken ist kaum unterfahrbar, der Seifenspender und die Papierhandtücher sind nicht zu erreichen.

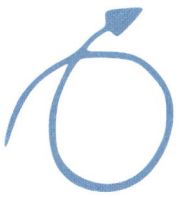

Abstellkammern

Statistische Angaben über die Anzahl der Menschen mit schweren Behinderungen in Deutschland schwanken um rund zehn Prozent. Es sind knapp acht Millionen Menschen betroffen. Unter diesen befinden sich etwa 1,6 Millionen Rollstuhlfahrer*innen. Das sind knapp zwei Prozent der Bevölkerung. Wenn man also ein Restaurant mit 50 Plätzen aufsucht, müsste statistisch unter den Gästen mindestens ein Gast im Rollstuhl zugegen sein. Das ist aber so gut wie nie der Fall. Rollstuhlfahrer*innen scheitern fast immer schon am Zugang zu einem Restaurant. Entweder bleiben sie im Kiesweg stecken oder können die Lücken zwischen den Bodenplatten nicht überwinden – oder sie werden spätestens von den Stufen am Eingang ausgebremst. Wenn sie es aber tatsächlich in den Gastraum geschafft haben, stehen die Tische oft so eng zusammen, dass es mit dem Rollstuhl kein Durchkommen gibt, ohne dass man andere Gäste ums Aufstehen bitten muss, um dann Tische und Stühle aufwändig herum zu rücken. Oder die Tische selbst sind so gebaut, dass man mit dem Rollstuhl nicht darunter fahren kann, weil man mit den Knien hängenbleibt. Oder, und das ist das häufigste unlösbare Problem, es gibt keine Toilette für Rollstuhlfahrer*innen. Deswegen sitzen nirgends, in keinem Restaurant, in keinem Theater, in keinem Kinosaal zwei Prozent der Anwesenden in einem Rollstuhl. Die meisten Rollstuhlfahrer*innen bleiben angesichts der Hürden und Probleme gleich zu Hause.

Wenn man dann aber doch ein Restaurant mit Rollstuhltoilette gefunden hat, könnte noch ein weiteres Problem auftauchen, das mitunter nicht zu lösen ist. Da sich ja – wie gesagt – nur wenige Rollstuhlfahrer*innen hinaus in die weite Welt wagen, wird folgerichtig die Toilette für Rollstuhlfahrer*innen nur selten wirklich gebraucht. Da bietet es sich an, sie als Multifunktionsraum zu nutzen.

Die Cafébar des Kunstvereins im Steinernen Haus am Frankfurter Römerberg ist ein solcher Fall. Die Aussicht auf eine erträglich große und fast korrekt eingerichtete Rollstuhltoilette wird schon etwas getrübt, denn auf dem Weg dahin ist eine Rampe mit erheblichem Gefälle zu überwinden.

Man fragt sich zunächst, wofür ein Restaurant in der Frankfurter Altstadt eigentlich einen Gartenschlauch braucht, denn da ist kein Baum und kein Strauch weit und breit. Noch schwerer verständlich aber ist, warum diese Gartenschlauchrolle direkt neben das WC hingestellt wurde, wo man mit dem Rollstuhl hinfahren können muss, um den Transfer auf das WC durchzuführen. Man ist als Rollstuhlfahrer*in aufgeschmissen, und wer die Schlauch- rolle wegräumt, dem ergießt sich ein Schwall Restwasser über die Füße.

Ein anderes Beispiel: In einem Restaurant, das sich in dem 1880 erbauten ehemaligen Pferdestall der wohlhabenden Familie Livingstone im Frankfurter Westend befindet, ist zwar an eine Toilette für Rollstuhlfahrer*innen gedacht worden. Sie hat aber ihre Tücken: Sie hat nur einen Klappgriff und die Spültaste ist recht hoch angebracht und im Rücken. Außerdem ist die Toilette zu schmal, fast schlauchförmig konfiguriert.

Sie wäre aber trotz allem gerade noch benutzbar, wenn nicht der gesamte rechte Bereich, also fast die Hälfte der Breite des Raumes, von einer wahrscheinlich defekten großen italienischen Kaffeemaschine blockiert wäre, auf der zudem noch eine Kiste abgestellt ist. Was nun? Da kann man nur kapitulieren und nach Hause fahren.

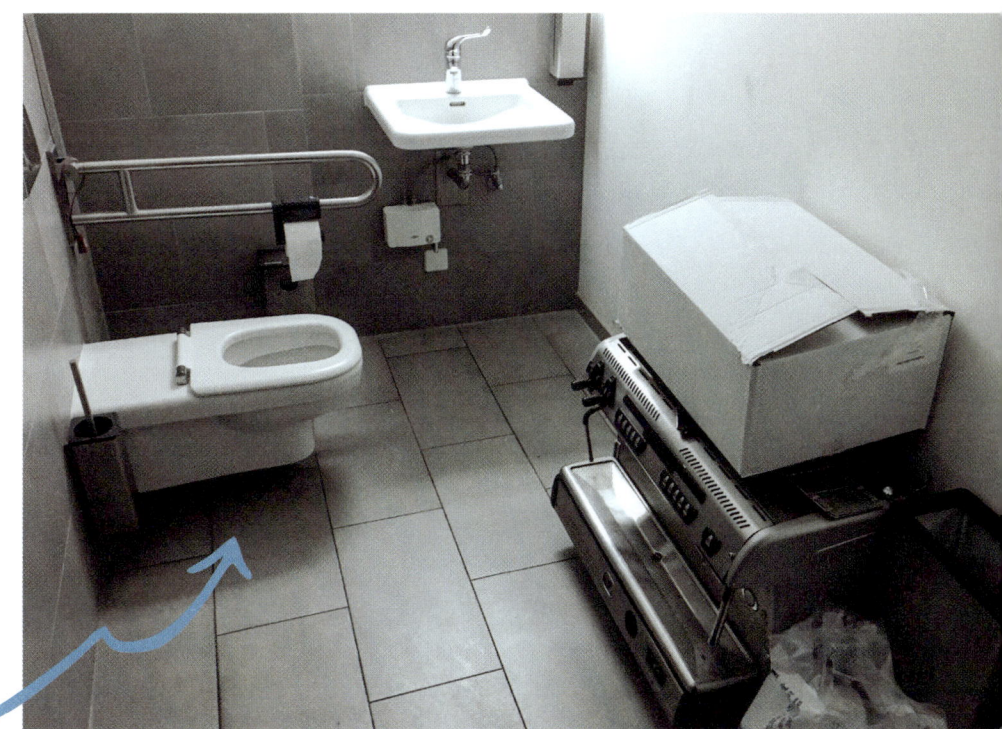

Ein Beispiel für eine konflikthafte Raumaufteilung ist die häufige Kombination der Rollstuhltoilette mit einem Wickeltisch.

So findet man die Situation im Restaurant Emma Metzler in Frankfurt-Sachsenhausen vor:

Links entlang ist der Weg zum WC durch Babystühle verstellt. Rechts an der Wand steht eine voluminöse Wickelkommode, nicht verschiebbar, nicht hochklappbar, die den Weg rechts zum WC vollständig blockiert. Wenn man eine Rollstuhltoilette auf diese Weise einrichtet, dann ist es so, als gäbe es gar keine.

Sogar in Krankenhäusern kann man auf solche Probleme treffen. So kann es aussehen, wenn barrierefreie Patiententoiletten mit schwellenlosen Duschbereichen zu Abstellkammern umfunktioniert werden:

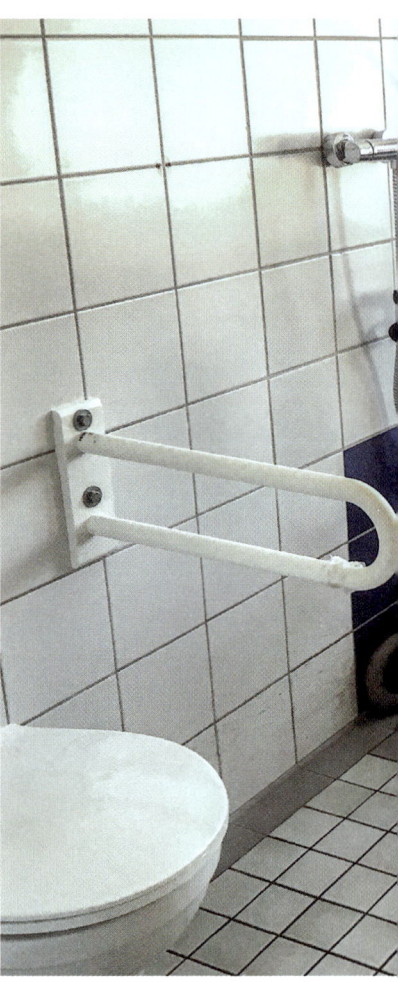

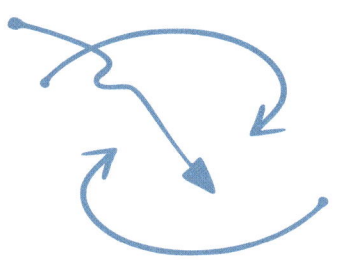

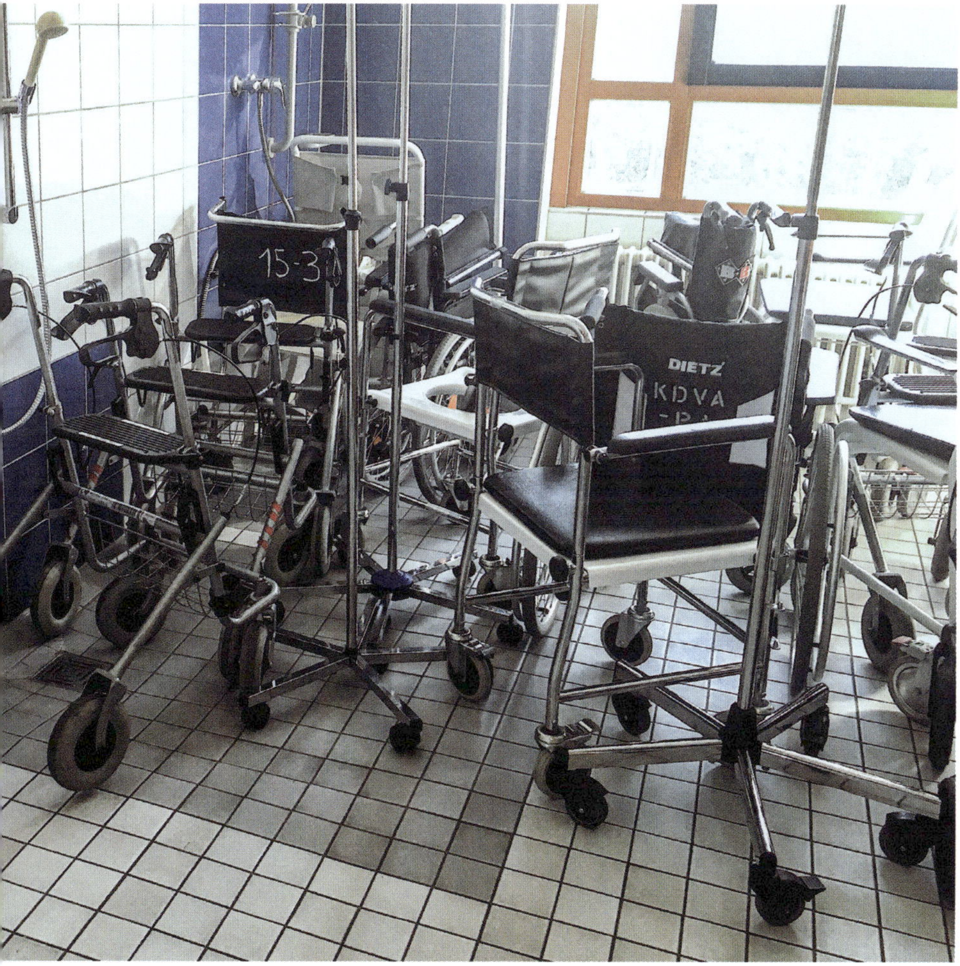

Ein Netz liegt über dem ganzen Land

Wir reisen am liebsten mit dem eigenen Auto. Da hat man alles dabei, was man braucht. Aber nicht nur das. Entlang des 13.000 Kilometer langen Autobahnnetzes gibt es knapp 500 Tankstellen und Raststätten, und dort finden sich Toiletten für Rollstuhlfahrer*innen. Die ganze Republik ist auf diese Weise mit einem Netz von rollstuhlgängigen Toiletten überzogen.

Einmal waren wir zu einem Hochzeitsfest eingeladen, auf dem Land, zwei Stunden Fahrtzeit dorthin. Weder die Kirche noch der Gasthof dort hatten eine Rollstuhltoilette. Als wir aber auf der Karte gesehen haben, dass die Feier nur sechs Kilometer von der Autobahn entfernt stattfand, wo ganz in der Nähe der Ausfahrt eine Raststätte war, konnten wir hinfahren. Sonst hätten wir wohl zu Hause bleiben müssen.

Fast alle Autobahnraststätten und Tankstellen sind im Besitz eines Monopolisten namens *Tank & Rast,* der sie aber nicht selbst betreibt, sondern verpachtet. Die Toiletten werden von einem Tochterunternehmen namens *Sanifair* betrieben. Für ihre Benutzung muss man Wertbons kaufen. Rollstuhl-Toiletten haben einen eigenen Eingang. Sie sind abgeschlossen und können mit dem sogenannten Euroschlüssel geöffnet werden: Eine geniale Idee des „Clubs Behinderter und ihrer Freunde" in Darmstadt, die sich europaweit durchgesetzt hat. Über 12.000 Toiletten lassen sich heute mit eben diesem Euroschlüssel öffnen. Dazu gehören auch alle Rollstuhltoiletten auf Autobahnraststätten, Tankstellen und Parkplätzen.

Ein Sprecher von *Tank & Rast* teilte uns auf Nachfrage mit, dass ihre Toilettenanlagen den DIN-Normen für barrierefreies Bauen und der Richtlinie VDI 6000 unterliegen. Man lege auch Wert auf nächstgelegene behindertengerechte Parkplätze mit abgesenkten Bordsteinkanten, was aber Sache der Straßenbauverwaltungen sei.

Die DIN-Norm 18040-1 für barrierefreies Bauen ist speziell für Sanitärräume entwickelt worden. Sie enthält zentimetergenaue Beschreibungen des Raumbedarfs und der Größe der freien Bewegungsfläche, die einen Durchmesser von mindesten 1,5 Metern haben muss. Details wie Toilettenpapierhalter, Spültastenanbringung, Sitzhöhe, Höhe und Abstand von Stützklappgriffen und berührungslos arbeitende Einhebelarmaturen an unterfahrbaren Waschbecken sind exakt festgelegt.

Die VDI-Richtlinie 6000 des Vereins Deutscher Ingenieure ist eine noch genauere und präzisierte Anleitung zur Einrichtung von barrierefreien Sanitärräumen in öffentlichen Gebäuden hinsichtlich des Grundrisses, der freien Bewegungsräume, der Türen, der Installationen und der elektrischen Ausstattung.

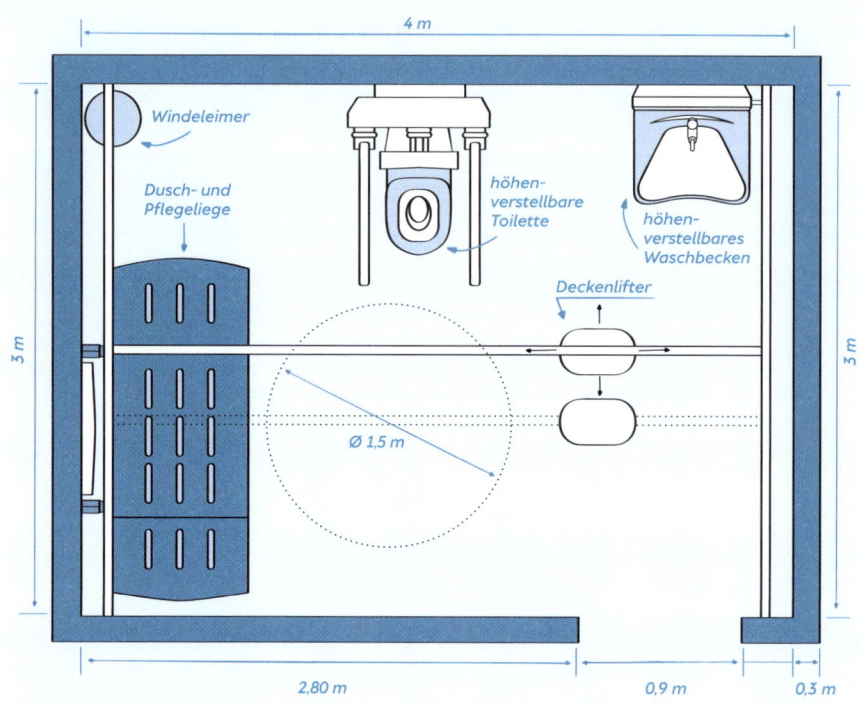

Figure labels:
- Windeleimer
- Dusch- und Pflegeliege
- höhen-verstellbare Toilette
- höhen-verstellbares Waschbecken
- Deckenlifter
- Ø 1,5 m
- 4 m
- 3 m
- 3 m
- 2,80 m
- 0,9 m
- 0,3 m

Solche Vorgaben von Normen und Richtlinien berücksichtigen verschiedene Gehbehinderungen. Durchtrainierte Querschnittsgelähmte nehmen Hürden und Schwellen mit Kraft und Geschicklichkeit, die für ältere, schwächere, kranke Rollstuhlfahrer*innen unüberwindliche Hindernisse darstellen.

Die Umsetzung der Normen und Richtlinien ist vor Ort sehr unterschiedlich, zum Beispiel so:

Autobahn A1, Rasthof Dammer Berge, *Niedersachsen*

Der Raum ist nicht sehr groß, weit entfernt von dem vorgeschriebenen freien Bewegungsradius von 1,5 Metern. Er ist gleichzeitig Wickelraum. Der Wickeltisch ist rechts an der Wand hochgeklappt und engt den Raum vor der Toilette noch weiter ein.

Der Platz links von der Toilette ist durch einen großen Mülleimer und einem Heizkörper an der Wand blockiert. Rechts von der Toilette ist ein Klapphocker an der Wand, der im hochgeklappten Zustand knapp Platz lässt, um neben die Toilette fahren zu können. Die Spültasten im Rücken sind zwar nicht erreichbar, aber am rechten Stützklappgriff ist eine Fernbedienung angebracht, womit dieses Problem gelöst ist.

Links vom Waschbecken steht ein weiterer großer Mülleimer, der nur mit einem Tretmechanismus geöffnet werden kann, für Rollstuhlfahrer*innen also völlig ungeeignet ist. Wertvoller Raum geht verloren.

Ein Pluspunkt ist die geteilte Eingangstür, die sich beim Öffnen und Schließen auf halbe Breite zusammenklappt, was das Hineinfahren in die Toilette von dem schmalen Flur aus wesentlich erleichtert.

KEIN ÖRTCHEN. NIRGENDS.

Autobahn A45, Raststätte Siegerland Ost,
Nordrhein-Westfalen

Der Raum ist eng und hat zwei riesige Mülleimer (warum?), einer davon mit einem vom Rollstuhl aus unerreichbaren Tretmechanismus. Eine lautstarke, ununterbrochene Beschallung mit Musik und Ansagen über die Vorzüge von *Sanifair* nervt während des gesamten Aufenthaltes.

Beim Einfahren in den Raum ist zunächst links ein Wand-hocker im Weg. Den Raum rechts neben der Toilette kann man nicht erreichen, denn dort ist zwar ein Stützgriff, der aber nicht hochgeklappt werden kann. Er ist fest im Boden und in der Wand verschraubt. Die Spültaste ist vom Rollstuhl aus nicht erreichbar, eine Fernsteuerung gibt es nicht. Auch der Handtuchspender ist vom Rollstuhl aus kaum erreichbar. Der Stützklappgriff links neben der Toilette ist unten mit einem Arretier-Hebel an der Wand blockiert. Ohne Helfer ist das gleichzeitige Lösen der Arretierung und das Hochklappen nicht möglich.

Autobahn A45, Raststätte Katzenfurt, *Hessen*

Auch hier ist der Raum klein und eng. Ein großer Mülleimer rechts vor der Toilette ist fest an der Wand verschraubt und im Weg.

Darüber hängt der Handtuchspender, der aber an dem fest montierten Mülleimer vorbei vom Rollstuhl aus gar nicht erreichbar ist. Damit ist der Platz links neben der Toilette blockiert.

Wenn die eine Seite der Toilette blockiert ist, muss wenigstens die andere Seite frei sein. Aber dort, rechts von der Toilette, steht ein zweiter großer Mülleimer, wieder nur mit einer unbrauchbaren Tretmechanik, und es steht sogar noch ein dritter, kleinerer daneben. Wer hat sich das ausgedacht?

Zudem ist es unangenehm, dass die Toilette so hoch montiert wurde, dass die Füße frei in der Luft hängen. Und beim Hochklappen des linken Stützklappgriffes fällt die Klopapierrolle aus der Halterung. Huch!

Autobahn A4, Raststätte Eichelborn, *Thüringen*

Auf einer von uns viel befahrenen Strecke ist unsere beliebteste Autobahnraststätte Eichelborn. Allerdings ist zunächst der Zugang schwierig, obwohl die Parkplätze direkt am hinteren Eingang zu den Toiletten sind. Dort ist nämlich zunächst eine leichte Steigung, dann eine unangenehm hohe Schwelle an der äußeren Tür, die gleichzeitig mit einer zweiten Tür innen aufgehalten werden muss. Beide Türen lassen sich nur schwer öffnen und müssen festgehalten werden, weil es keinen funktionierenden Mechanismus zum Arretieren gibt.

An der Toilette gibt es bis auf eine Kleinigkeit nichts aus-
zusetzen. Der Toilettenraum ist geräumig, die Toilette
kann von beiden Seiten angefahren werden und hängt
in der richtigen Höhe, die Spülung hat eine Fernbedienung
am Stützklappgriff. Nur die Klopapierrolle fällt auch hier
beim Hochklappen des Stützklappgriffes aus der Halterung. Das nervt.

Autobahn A4, Rastplatz Kraftsdorf,
Thüringen

Wenn ein Rastplatz mit Rollstuhltoiletten ausgestattet ist, wird das durch Symbole auf Hinweisschildern schon früh auf der Autobahn angezeigt. Die meisten der Rollstuhltoiletten auf Rastplätzen sind wie große, fugenlose Edelstahlkabinen angelegt, auch die Toilette und die Waschbecken sind aus Edelstahl.

In Kraftsdorf kann man zwar direkt vor der Toilette auf zwei Parkplätzen stehen bleiben, die für Rollstuhlfahrer*innen reserviert sind, aber dann wird es schwierig.

Die Parkplätze sind – optisch ansprechend – mit Kopfsteinpflaster belegt, was das Ein- und Aussteigen erschwert. Der Rollstuhl wackelt. Das Fahren ist anstrengend, da die kleinen Vorderräder nur zu gern in den Fugen hängen bleiben.

Fazit

Die ideale Autobahntoilette haben wir nicht gefunden. Vielleicht gibt es sie, vielleicht auch nicht. Alle Toiletten, die wir kennen, haben kleine oder große Macken, kleine oder große Konstruktionsfehler. Die Tücken können schon am Parkplatz beginnen, am Zugangsweg oder die Schwierigkeiten finden sich an der Eingangstür. Meist sind die Räume zu klein, mal sind sie vollgestopft, mal sind die Einrichtungsgegenstände vom Rollstuhl aus nicht erreichbar oder unbrauchbar. Ist man aber erstmal angekommen, muss man sich mit den Gegebenheiten arrangieren und die kleinen und großen Widrigkeiten hinnehmen. Nirgends scheint die DIN-Norm 18040 oder die VDI-Richtlinie 6000 vollständig erfüllt zu sein, obwohl sie der Sprecher von *Tank & Rast* als Orientierung benannt hat. Nirgends auch scheint man auf die Idee gekommen zu sein, sich die Expertise von Rollstuhlfahrer*innen einzuholen, um kleine Fehler, die große Auswirkungen haben können, zu vermeiden.

Egal, ob es die ideale Toilette gibt oder nicht: Man kann sich als Rollstuhlfahrer*in immerhin darauf verlassen, dass es ein Netz von solchen Toiletten auf den Raststätten, Tankstellen und Parkplätzen entlang der Autobahnen gibt, ein Netz über der gesamten Republik.

Ein Netz liegt über dem ganzen Land

Suchspiel

KAPITEL 7

Genug der schlechten Beispiele!
Hier ein Suchspiel zum Abschluss:

Senckenberg Museum, Frankfurt am Main

Finde sieben Fehler!

1. Links von der Toilette ist kein Haltegriff · 2. Es gibt nur einen Haltegriff auf der rechten Seite, fest verschraubt, nicht klappbar 3. beide Seiten der Toilette sind blockiert, kein Heranfahren

KEIN ÖRTCHEN. NIRGENDS.

möglich · 4. Die Spültaste ist kaum zu erreichen · 5. Das Waschbecken ist nicht unterfahrbar · 6. Ein großer Mülleimer steht im
Weg · 7. Der Handtuchspender ist außer Reichweite

Schöne Überraschungen

KAPITEL 8

Das Wunder in der Wetterau

Wir kommen von Norden, in einer halben Stunde sind wir zu Hause. Nein, ich glaube, das schaffe ich nicht, wir müssen rausfahren. Also runter von der Autobahn an der Raststätte Wetterau. Sehr ärgerlich, so kurz vor dem Ziel. Oje, Riesenauflauf an der Raststätte. Was ist hier los? Beim vorsichtigen Näherkommen lüftet sich das Geheimnis keineswegs. Dutzende von Menschen stehen herum, beide Parkplätze für Rollstuhlfahrer*innen sind belegt.

Was nun? Jetzt droht auch noch eine längere Anfahrt, wenn wir fernab parken müssen. Oje, und ich muss so nötig. Es war doch keine gute Idee, hier abzufahren. Was mache ich bloß? Wären wir nur schnell weitergefahren, falsche Entscheidung, jetzt ist es zu spät.

Plötzlich taucht hinter uns ein Polizeiwagen auf, fährt vor unser Auto, die Beifahrertür öffnet sich, eine Polizistin springt heraus. Zielstrebig geht sie hinein in den Imbiss, wir bleiben stehen mit unserem Auto. Wenig später kommt sie mit einem kräftigen Mann im Unterhemd wieder heraus, nimmt seine Personalien auf, und unter den Augen der Polizei muss er sein Fahrzeug wegfahren vom Rollstuhlparkplatz.

Wir parken ein. Ein Wunder ist geschehen.

Kleinod mit Klo

Nicht nur an der Autobahn in der Wetterau geschehen Wunder, ja, auch mitten in Frankfurt gibt es schöne Überraschungen: in der Kleinmarkthalle, mit ihren mehr als 60 Händlern in über 150 Verkaufsständen auf 1500 Quadratmetern, ein Ort hektischer Betriebsamkeit.

Wirklich kein Ort für Leute in sperrigen Rollstühlen. Es ist zu voll, zu laut, zu schnell. Buntes Leben eben. Zwischen den Gemüseständen, den Blumen, den Bäckereien, den Metzgereien und den Delikatessen aus fernen Ländern finden sich auch Imbissstände und Bistro-Theken. Hier kauft Frankfurt ein, wenn es mal etwas Besonderes sein darf, und in dem hektischen Gewusel rechnet man mit vielem, aber nicht mit einer Rollstuhltoilette.

KEIN ÖRTCHEN. NIRGENDS.

Aber es gibt sie tatsächlich, an der Seite, etwas abgelegen an einem der Zugänge, wo die Händler ihre Waren reinschleppen. Der Eingang ist zwar meist zugestellt mit Kisten, die sich aber zum Glück leicht zur Seite schieben lassen. Auch diese Rollstuhltoilette lässt sich mit dem Euroschlüssel öffnen.

KEIN ÖRTCHEN. NIRGENDS.

Der Wickeltisch am Eingang kann hochgeklappt werden, links und rechts der Toilette ist genug Platz, Stützklappgriffe sind vorhanden und das Waschbecken ist unterfahrbar. Alles in Ordnung!

Vor einigen Jahren haben wir die Margarete entdeckt. Eine riesige Location in der Frankfurter Altstadt im ehemaligen Sitz des Stadtgesundheitsamts, die von jungen Gastronomen in ein Restaurant verwandelt wurde, mit einer modernen Küche, auch vegetarisch, auch vegan, einer lockeren Atmosphäre im Café und Bistro im vorderen Teil und hinten im großen Restaurant mit Zugang zum Hof. Der Gang dazwischen lässt nach links Blicke in die Küche zu, rechts ist die barrierefreie Toilette.

Damit ist die Margarete in der Rollstuhlwüste der Großstadt Frankfurt eine Oase. Restaurants sind selten auf Rollstuhlfahrer*innen eingestellt. Der offizielle Führer der Stadt Frankfurt für Tourist*innen mit Behinderungen weist nicht einmal zehn Restaurants aus, die den Kriterien der Barrierefreiheit genügen.

Nach anfänglichem Fremdeln haben wir uns in diesen Ort verliebt, obwohl wir den Altersdurchschnitt dort erheblich anheben. Wir haben uns mit runden Geburtstagen, besonderen familiären Ereignissen bis hin zur Hochzeitsfeier unseres Sohnes mit diesem Restaurant, seinen Mitarbeiter*innen und seinen Besitzer*innen verbunden.

Ja, es gibt dort alles, was Rollstuhlfahrer*innen brauchen: ausreichend Platz, gute Speisen und last, not least die barrierefreie Toilette. Bei unserem letzten Besuch waren außer uns noch drei weitere Rollstuhlfahrer*innen zu Gast!

Und sollten in der Rollstuhltoilette tatsächlich mal einige Kinderstühlchen abgestellt worden sein, eilt flugs jemand herbei und räumt sie weg, wenn sie gebraucht wird.

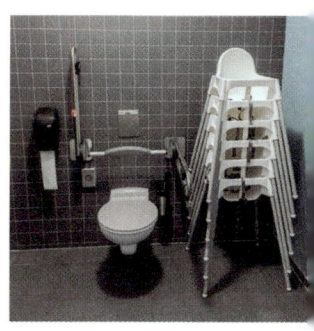

Und mitten im Wald schimmert ein goldener Rollstuhl

Aus der Zeitung erfahren wir von der Verleihung eines Goldenen Rollstuhls an das Waldrestaurant Hirschgarten und wollen mehr darüber wissen. Wir beschließen, uns diesen Ort anzuschauen, den wir aus Kindertagen kennen. Eine Gaststätte im Wald mit einem barrierefreien WC! In einem Telefongespräch mit dem Geschäftsführer hatte ich mich schon erkundigt, wie es dazu gekommen war.

In Dornholzhausen, einem Stadtteil von Bad Homburg, liegt das traditionsreiche Ausflugsrestaurant Hirschgarten, früher nur wandernd zu erreichen, heute mit einer eigenen Stadtbushaltestelle. Wir fahren mit dem Auto dorthin, am Gebäudekomplex der ehemaligen kleinen Kartonagenfabrik vorbei, die den Eltern einer Schulfreundin gehörte. Lori konnte mit dem Luftgewehr vom Fenster der Wohnung im ersten Stock aus die Ratten am kleinen See hinter dem Haus erschießen, und sie war Besitzerin eines bunten Papierkleids. Das hat mir damals, Mitte der 60er Jahre, schwer imponiert. Eine andere Welt eben, ihr Vater beschäftigte sogar einen Arbeiter, einen Italiener.

Im Wald zwischen Hardertsmühle, Forellengut und Hirschgarten waren wir Kinder in der Gruppe, aber stets ohne Erwachsene, mit unseren Rädern unterwegs. Es ist der Wald meiner Kindheit und Jugend: still, nur getrampelte Waldwege mit riesigen Wurzeln, die uns gelegentlich Stürze mit aufgeschlagenen Knien und Ellbogen einbrachten.

Auch mein Mann hat viele Erinnerungen an die Gegend, die er aus seiner Zeit bei den Heliand Pfadfindern in deren Heim in Oberstedten kennt. Nachtwanderungen mit der Taschenlampe, Spaghetti kochen in der Lichtung über offenem Feuer. So überbieten wir uns in Geschichten von damals, während wir über die asphaltierten Straßen durch den Wald fahren. Nichts ist mehr so wie damals.

Was jetzt, betrauern zwei ältere Leute den Untergang ihrer so schönen, freien, unbebauten Kindheitsstätten? Heute ist es halt anders, und niemand lässt seine Kinder mehr alleine in den Wald. Dafür gibt es einen neuen Grillplatz auf der Lichtung gleich neben dem Minigolfplatz, alles familienfreundlich angelegt und bequem mit Auto und Fahrrad zu erreichen. Für uns ist die Erschließung jetzt auch gut, und wir fahren mit dem Auto den Waldweg hinauf bis zur Gaststätte und können direkt vor der Eingangstür parken. Wir wollen Fotos machen für unser Buch und das mit einem Mittagessen verbinden, die Atmosphäre im Gastraum mit der barrierefreien Toilette erspüren.

KEIN ÖRTCHEN. NIRGENDS.

Hinten quer sitzt eine <u>Gruppe älterer Leute</u> an einem langen Tisch, die zum Glück schon beim Kaffee und kurz vorm Aufbrechen sind. Also keine Gefahr für unsere Bestellung. Nicht die Seniorengruppe eines Turnvereins, sondern tatsächlich Wandersleute, die nach der Einkehr jetzt bergauf wieder den Rückweg zur Saalburg antreten und sich mit viel Hallo von den Zurückbleibenden ver-abschieden. So erfahren wir einiges über die Wander-gruppe. Die brauchen ganz sicher keine barrierefreie Toilette und gehen nach kurzem Blick in den Raum lieber die steile Wendeltreppe zu den anderen Klos hinunter in den Keller.

Hinten links im Gastraum ist ein Rollstuhlzeichen an der Wand, das zu einem eigenen kleinen Flur führt. An dessen Ende ist die Rollstuhltoilette.

Der Raum ist groß, beidseits des WC ist Platz genug, Haltegriffe sind links und rechts vorhanden, das Waschbecken ist nicht im Weg und unterfahrbar, ein Knopf für die Spülung ist am linken Haltegriff, die Klopapierrolle am rechten Haltegriff, beides gut erreichbar: goldener Rollstuhl eben. Da haben sogar noch Kinderhochstühle Platz.

Interview mit Peter Stürtz,
Gastwirt des Restaurants Hirschgarten

*Ihrem Restaurant wurde der goldene Rollstuhl verliehen.
Wie ist es dazu gekommen?*

PETER STÜRTZ: Das Restaurant habe ich von der Kur-
und Kongress-GmbH Bad Homburg gepachtet, so wie
es jetzt ist. Sechs Monate lang wurde der Hirschgarten
saniert. Im Erdgeschoss wurde eine zusätzliche barrierefreie Toilette errichtet, da sich alle Toiletten schon immer
im Keller befinden.

Waren Sie auch an der Umsetzung beteiligt?

PETER STÜRTZ: Ich habe es so übernommen, wie es
jetzt ist. Wir waren lediglich mit der Ausgestaltung befasst.

Und wer war noch mit im Boot?

PETER STÜRTZ: Der Behindertenbeauftragte der Stadt
Bad Homburg war beteiligt. Federführend war aber die
Kur- und Kongress-GmbH. Deren Ziel war und ist es, bei
Umbauten und Renovierungen von städtischen Liegen-
schaften Barrierefreiheit zu erreichen, vor allem aber für
eine barrierefreie Toilette zu sorgen.

Da ist wohl viel Geld in die Hand genommen worden?

PETER STÜRTZ: Immerhin wurden bei der Sanierung
einige hunderttausend Euro investiert, unter anderem
auch für die barrierefreie Toilette und den barrierefreien
Zugang. Dadurch verlieren wir zwar Platz für zwei bis drei
Tische, haben also eine entsprechende Umsatzeinbuße.

Trotzdem: Für mich gehört eine barrierefreie Toilette in jedes Restaurant.

Kommen denn hier überhaupt Rollstuhlfahrer*innen vorbei? Der Zugang ist ja mit Bus und Auto problemlos möglich.
PETER STÜRTZ: Wir sind hier im Hirschgarten ein Restaurant für Familien, also für alle Generationen, und wir möchten, dass sich hier alle wohlfühlen. Es kommen ja nicht nur Rollstuhlfahrer*innen, es betrifft auch ältere Gäste mit Rollator, die wir nicht in die Toiletten im Keller schicken können. Auch der Weg von den Parkplätzen ins Lokal hinein wurde neu angelegt und ist jetzt barrierefrei.

Seit wann leiten Sie das Restaurant?
PETER STÜRTZ: Ich habe den Hirschgarten im Jahr 2015 übernommen, habe eigentlich mein Leben von Kindesbeinen an in der Gastronomie verbracht. Meine ganze weitverzweigte Familie ist an verschiedenen Orten quer durch Deutschland seit über 300 Jahren in der Gastronomie tätig.

Also sozusagen mit der Muttermilch aufgesogen?
PETER STÜRTZ: Das kann man so sagen. Bei uns hier im Hirschgarten arbeiten alle mit, meine Kinder, die inzwischen erwachsen sind, meine Frau, und inzwischen sogar meine Schwiegermutter, die hier die Dekoration macht. Ich empfehle jedem, mal ein Jahr in der Gastronomie zu arbeiten. Das ist eine Schule fürs Leben, wie ein Psychologie-Studium, da erfährt man vieles. Vor allem Dienen und Leisten kann man dabei lernen, denn wir sind tatsächlich ein Dienstleistungsbetrieb.

Juwelen

KAPITEL 10

Palmengarten

Mitten in Frankfurt ist der Palmengarten seit 150 Jahren
ein Magnet für Hunderttausende Besucher*innen im Jahr.

Mitten im Palmengarten findet sich ein kleines Haus, das von weitem aussieht wie ein verwunschener Ort.

Dieses Haus beherbergt die Besuchertoiletten.

KEIN ÖRTCHEN. NIRGENDS.

Hier wurde an alle und alles gedacht. Das beginnt bereits an der Eingangstür.

Sie ist elektrifiziert und Besucher*innen mit und ohne Kinderwagen, mit und ohne Rollstuhl können den Vorraum mühelos betreten.

Auf der linken Seite sind die Türen zur Damen- und Herrentoilette sowie zu einem Putzraum, auf der rechten Seite ist der Eingang zur Rollstuhltoilette. Auch diese Tür ist elektrifiziert.

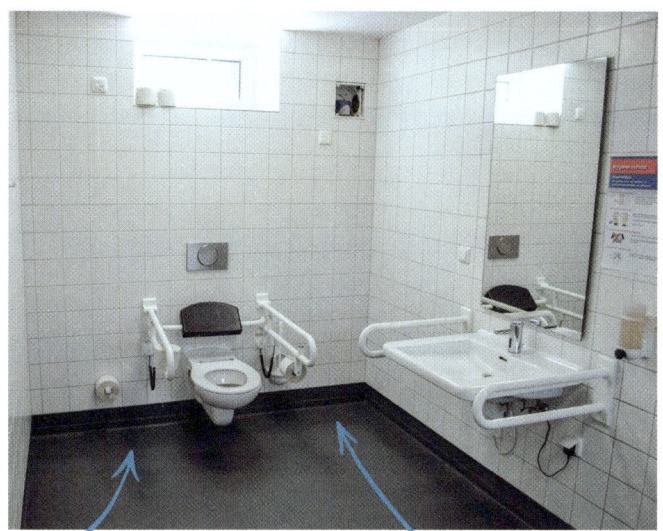 

Die Toilette kann von beiden Seiten angefahren werden, die Toilettenpapierrolle ist gut erreichbar, die Spülung hat eine Fernauslösung an einem der Kipphebel, das Waschbecken ist unterfahrbar und bei der Benutzung der Toilette nicht im Weg.

Der Raum ist so groß, dass sogar ein Wickeltisch darin Platz findet, ohne zu stören.

Holzhausenschlößchen

KEIN ÖRTCHEN. NIRGENDS.

Ein barockes Wasserschlösschen, 1729 erbaut inmitten eines großen Gartens für die Frankfurter Patrizierfamilie Holzhausen, inzwischen ein beliebter Park für alle Frankfurter*innen: Das alte Schlösschen ist mit großem Aufwand völlig barrierefrei umgebaut worden, saniert von der Frankfurter Bürgerstiftung.

Eines Schlösschens würdig: die Toilette für Rollstuhlfahrer*innen. Sogar ein schöner Anblick! Auch hier wurde an alles gedacht, angefangen mit der Aufklapp-Tür bis hin zu einer perfekten Raumnutzung, die auch noch einen klappbaren Wickeltisch zulässt.

Fünfzehn Punkte für den Bauherrn!

Hier stimmt alles.

KEIN ÖRTCHEN. NIRGENDS.

Goldkammer

Unter den vielen Museen Frankfurts ist die Goldkammer das jüngste, eröffnet im Mai 2019. Dort wird alles rund ums Gold präsentiert, mit Exponaten und digitalen Schau-Effekten. Schon am Eingang des Museums fällt eine Hebeplattform auf, die Rollstuhlfahrer*innen mit einem stufenlosen Zugang in das spätklassizistische frühere Wohnhaus von 1850 willkommen heißt.

Mit einem spektakulären Aufzug, der optisch und akustisch den Förderkorb eines Bergwerkes simuliert, gelangt man in alle Stockwerke, auch ins Unterge-schoss.

Dort findet sich – mit einem eigenen Eingang – die Toilette für Rollstuhlfahrer*innen.

Entsprechend der Finanzkraft des Museumseigners, der Degussa, erfüllt diese Toilette in einem großzügig geschnittenen Raum auch einen Goldstandard.

Beidseits der Toilette ist genug Platz. Alles, was gebraucht wird, ist gut erreichbar. Selbst die Ästhetik kommt nicht zu kurz.

KEIN ÖRTCHEN. NIRGENDS.

Besser geht es kaum!

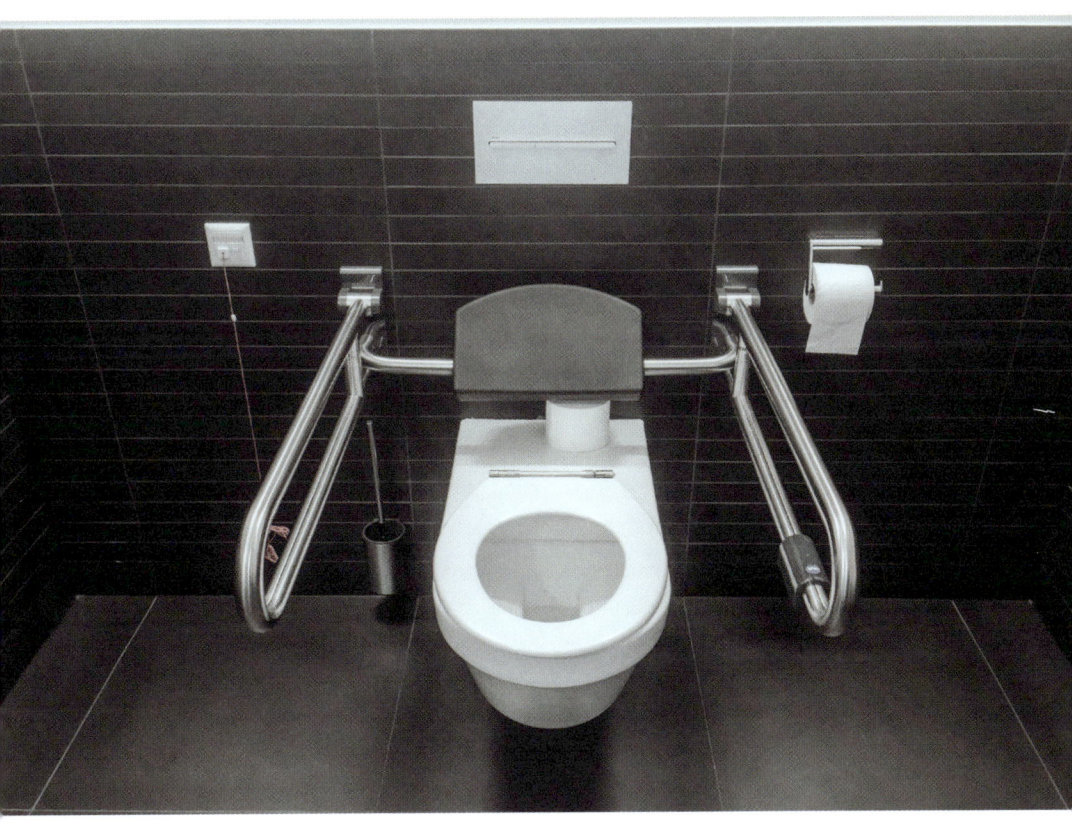

Und jetzt..?

Am Ende eines Projekts schweifen die Gedanken zurück. Wie haben wir angefangen mit diesem Buch und vor allem: warum mit diesem wenig schönen Thema?

Wir wollten auf einen Missstand hinweisen, auf das Fehlen von etwas. Wir hatten Aufklärung, ja auch Belehrung im Sinn, ehrlich gesagt sogar manchmal Anklage. Wir wollten den Blick schärfen, zum Hinschauen animieren. Es sollte ein freundliches, ein unterhaltsames und vor allem ein Buch werden, das man gerne in die Hand nimmt. Eines, das unsere Freund*innen jeweils fünf ihrer Bekannten zu Weihnachten schenken könnten: R=5.

Für uns beide war es eine Auseinandersetzung mit ganz praktischen Aspekten der Barrierefreiheit, aber auch mit den gesellschaftspolitischen Dimensionen. Das war nicht immer lustig, aber letztlich immer produktiv, auch wenn wir uns gelegentlich kräftig streiten mussten. Wir hatten Freude bei der Arbeit an unserem Buch (am meisten bei den positiven Beispielen, den Juwelen). Schreiben ist aber auch Arbeit.

Wir haben uns Dritte dazu geholt. Als Ersten Fritz Weskott wegen seines Sachverstands in der Buchherstellung. Er hat uns gezeigt, welche Möglichkeiten wir bei der

Auswahl und Präsentation der Fotos haben, hat uns Vorschläge gemacht, Ideen in die Diskussion gestreut. Damit ging die Weiterentwicklung des Konzepts für unser Buch einher. Fritz war für uns wichtig, ist mit seiner Arbeit – naturgemäß, wie er sagt – im Hintergrund geblieben, geradezu unsichtbar. Als Zweite haben wir Christine Fiebig als Zeichnerin für das Projekt gewinnen können. Christine hat eine wesentliche Idee beigesteuert, nämlich unseren Blickwinkel in den Mittelpunkt zu stellen, uns darauf zu beschränken. Das hat uns enorm erleichtert, denn wir können nicht für alle Menschen mit unterschiedlichen Einschränkungen, ja noch nicht mal für alle Rollstuhlfahrer*innen sprechen. Es hat uns fokussiert. Christine begleitet unseren Weg durch das Buch jetzt mit ihren Zeichnungen: „Kommen Sie mal mit".

Wenn die Rede darauf kam, dass wir zusammen an einem Buch arbeiten, gab es immer die gleichen Reaktionen. Zuerst Zustimmung, auch eine Spur Bewunderung, und dann die Frage, was es denn für ein Buch sei. Ein Buch über Toiletten. Über Toiletten für Rollstuhlfahrer*innen. Erstmal ein Stutzen, etwas ungläubig, ein kurzes Nachdenken, dann gelacht, auch ein Staunen, dass wir eine Art Bildband im Kopf hatten. Unsere Begeisterung war ansteckend.

Wir haben für dieses Buch sehr viele barrierefreie Toiletten fotografiert, auch solche, die sich dafür ausgaben. Wir haben Papierabzüge machen lassen und auf unserem großen Küchentisch ausgelegt. Ein unvergessliches Bild: die Fotos ausgebreitet, überall nur Toiletten drauf. Schrecklich! Das will doch niemand sehen! Schlagartig ist die Erkenntnis da, ja, genau das müssen wir zeigen, aber nur sparsam, geordnet und eingebettet in schöne Bilder. So entstand das Kapitel der Juwelen.

Aber jetzt hatten wir ein Problem. Ein großes Problem. Ausgerechnet von zwei der schönsten Orte, dem Palmengarten und dem Holzhausenschlösschen, waren unsere Fotos nicht gut genug. Wir mussten unbedingt nochmal dorthin. Aber da überraschte uns Corona, der Lockdown! Was nun? Wir hatten Glück. Über Beziehungen konnten wir uns mit einem Obergärtner im Palmengarten verabreden. Wir waren die einzigen Besucher in dem riesigen Garten. Er war menschenleer, nur einige Bauarbeiter waren dort, ein einmaliges Erlebnis. Das Gleiche bald darauf im Holzhausenschlösschen: Es bedurfte nur einer Email, und wir durften kommen und konnten – wieder exklusiv – alles besichtigen, noch einmal fotografieren und dabei mit dem Hausherrn ein langes Gespräch führen über seine Parteinahme für die Barrierefreiheit bei der Renovierung.

Mit den schönen Bildern aus dem Palmengarten und dem Holzhausenschlösschen sind wir nach Hause gezogen. Und damit war unser Buch fertig.

Und jetzt..?

Impressum

Mehr über unsere Autor*innen und Bücher:
www.westendverlag.de

Die Deutsche Nationalbibliothek verzeichnet diese Publikation
in der Deutschen Nationalbibliografie; detaillierte bibliografische
Daten sind im Internet über http://dnb.d-nb.de abrufbar.

Fotos: Fritz Weskott (S. 105 und S. 107), Ebba Drolshagen (S. 78 f.),
Alexander Paul Englert (S. 16 f.)
Alle weiteren Fotos: Bernd Hontschik

ISBN 978-3-86489-303-2
1. Auflage 2020
© Westend Verlag GmbH, Frankfurt / Main 2020
Gestaltung: Buchgut, Berlin
Illustrationen: Christine Fiebig, Frankfurt
Druck und Bindung: Belvédère Art Books, Oosterbeek,
Niederlande. www.TheArtOfMakingBooks.de
Printed in EU